AF371013

LA

Controverse de guerre

ENTRE CATHOLIQUES

PAR

UN RELIGIEUX CANADIEN

. Publié par
L'Association Civile de
Recrutement
de Québec.

Archevêché de Québec, le 6 novembre 1916.

Sir G. Garneau,
   Québec.

Cher Sir Georges,

 J'approuve bien volontiers l'idée que vous avez eue de réunir, pour les mieux conserver et les mieux répandre, les articles justement remarquées publiés dans un journal de cette ville sur la "Controverse de guerre entre catholique".

 Avec modération et charité, l'auteur de ces articles, aussi instruit que modeste, signale sommairement l'importance du grand débat survenu, à cause de la guerre, entre les catholiques français, défenseurs de leur patrie et de la notion traditionnelle du droit chrétien, et les catholiques allemands, trop fascinés par les théories ambitieuses du germanisme.

 Cette controverse, fidèlement résumée dans les articles que vous allez de nouveau publier, nous intéresse vivement et comme catholiques, et comme français de langue et de traditions, et comme sujets britanniques justement engagés dans le cruel et regrettable conflit actuel, pour la défense du droit et de la saine liberté des peuples. Lu attentivement, comme il mérite de l'être, ce travail aidera à comprendre, et à aimer jusqu'au dévouement, la beauté et l'importance souveraine de la grande cause—la protection du monde menacé par le germanisme—pour laquelle nos soldats canadiens combattent si vaillamment avec ceux de l'Angleterre, de France et de Belgique.

 Je prie Dieu de bénir ces braves guerriers et de rendre la paix au monde chrétien dans le rétablissement de la justice et du droit.

 Veuillez agréer, Cher Sir Georges, l'expression de mes sentiments les plus dévoués,

L. N. Card. Bégin, *arch. de Québec.*

Pourquoi les catholiques sont intervenus.

Il faut l'avouer, sans atténuer l'importance du fait, il y a eu une ardente controverse entre catholiques des diverses nations belligérantes; l'histoire la mentionnera, la philosophie et la critique la jugeront, car elle fait partie intégrante du grand conflit. Ce n'est plus là en effet une de ces simples discussions entre polémistes d'occasion ou de métier; ce ne sont plus les menus faits et les vérités de détail qui sont en question; c'est une vraie controverse internationale—je pourrais dire mondiale, puisque tous les neutres y ont été invités —et cela, sur des points si graves que l'avenir moral et religieux du monde y semble être engagé.

Il importe donc à tout catholique de connaître, au moins sommairement, l'ensemble du débat pour qu'il puisse orienter sa pensée et agir en conséquence. Il importe surtout aux catholiques des pays neutres de le suivre avec une grande attention, parce que, dégagés des fièvres et des passions de la lutte, ils pourront froidement prendre parti pour la vérité et la justice et appuyer ceux qui en sont les défenseurs; car, je ne crois pas qu'il puisse y avoir de neutralité irréductible quand l'ordre mondial est en jeu.

Je n'aurai certes pas l'outrecuidance de me placer entre les deux partis pour leur offrir des solutions qui ne peuvent jaillir que d'engagements multiples et de réductions à l'état de simplicité et de clarté, de raisonnements très complexes et même très chargés d'éléments étrangers.

Il est possible que, vu la délicatesse du problème et ses affinités avec les dogmes religieux, il soit porté dans son ensemble devant la Cour de Rome. Ce serait là un précieux élément de paix et un point d'appui sûr pour les réconciliations futures auxquelles on doit songer dès maintenant.

Mon rôle ne peut être que celui de l'informateur qui receuille les pièces pour permettre aux jugements de s'énoncer. J'indiquerai donc la cause et le sujet du débat, son histoire et les conditions morales d'information, de liberté, et par conséquent de véracité, dans lesquelles se sont trouvés les adversaires.

J'imiterai ainsi le poète qui tout en jouant autour du cœur des choses "circa præcordia rerum", facilite leur pénétration aux penseurs et, s'il le faut, aux juges.

Le véritable fond du débat entre catholiques n'apparaîtra dans tout son jour que par un élargissement convenable du sujet. Il est , en effet, comme la partie centrale d'un tout très complexe dont les éléments sont en si étroite connexion que, selon le mot de Pascal, "ils s'entretiennent par un lien naturel et insensible et qu'il est impossible de connaître les parties sans connaître le tout." C'est que les catholiques ne sont pas les seuls à mener un conflit d'idées parallèlement au conflit des armées; ils n'ont même pas été les premiers à l'engager; ils y sont entrés occasionnellement et comme à leur corps défendant.

Très vite, et par un instinct de race que les approches de la guerre avaient affiné, la grande majorité des publicistes français vit et fut convaincu que l'invasion allemande allait menacer non seulement leur patrie avec sa prospérité matérielle et son rang de grande puissance, mais encore son âme et sa culture intellectuelle, morale, artistique et religieuse

C'était bien une question de vie ou de mort qui était posée: on ne s'arrêtera pas à anéantir les armées, à conquérir des provinces, à supplanter le commerce, l'industrie et les finances rivales; on voudra attenter à l'indépendance et au libre épanouissement d'une race entière, d'une âme nationale.

Oui, pour ces clairvoyants, l'âme germanique envahissait ou achevait d'envahir l'âme française pour absorber ensuite plus aisément toutes les âmes nationales, filles ou tributaires de l'âme gréco-latine qui depuis de longs siècles entretenait la vie, l'honneur, la beauté et la bonté dans l'Europe méridionale et occidentale. Ils comprirent qu'une immense révolution se préparait, que de grands facteurs capables de créer une nouvelle orientation du monde allaient se déplacer, qu'enfin—pour dire toute leur pensée, tout en laissant glisser un peu de poésie dans un sujet si grave—l'âme trempée par les frimas du Nord conspirait contre l'âme ensoleillée du Sud.

———

Leur instinct de prévoyance était d'ailleurs guidé par les leçons de l'histoire; car il y a ceci de remarquable que chaque fois que s'est déclanché dans le monde un mouvement d'impérialisme outré ou de domination universelle, il a été accompagné d'une lutte pour la civilisation; et la philosophie de l'histoire n'a pas été en peine d'établir que les motifs de cette lutte morale avaient inspiré ou créé les causes des conflits sanglants.

Ainsi l'âme des guerres napoléoniennes n'a pas été autre que la révolution sociale de 1789 qui a été elle-même longuement préparée par les divers ferments de la Réforme avant d'éclater à la fin du 18ème siècle. Les Croisades ont été la défense de la religion catholique et de la civilisation de l'Europe contre la religion de Mahomet et le fatalisme oriental. Les trois premiers siècles de notre ère n'ont-ils pas été les violentes convulsions du paganisme se défendant contre le Christianisme naissant? Quand on veut chercher la cause profonde des guerres Médiques n'est-on pas obligé d'invoquer la séculaire rivalité entre la civilisation asiatique et celle déjà si brillante qui recommandait la Grèce au monde entier ?

Ces premières appréhensions et divinations de la France furent vite confirmées par les aveux des intellectuels allemands, aveux qui furent jetés à tous les vents avec une imprudente naïveté à la minute tragique où le grand rêve semblait déjà s'épanouir en fleurs de victoire du Germanisme. Elles devinrent évidentes par l'étude rétrospective et plus approfondie des ouvrages militaires politiques, philosophiques et sociaux parus en Allemagne, des rapports officiels divulgués par les diverses Chancelleries et des plans révélant une véritable conjuration contre la liberté politique et économique de plusieurs nations au profit des aspirations inassouvies de ce même Germanisme.

Il y eut donc, dès les débuts de la guerre, une véritable mobilisation de toutes les forces de penser et d'aimer, dans les lettres, les arts et les sciences, pour défendre le glorieux héritage moral de la France.

Je ne connais pas un écrivain de marque qui n'ait pas pris une part active à cette croisade "culturelle".

C'est que l'objet contesté en valait la peine. Céder sur ce point, se laisser envahir et absorber par la culture allemande qui en somme n'avait pas encore donné des signes d'une évidente supériorité, n'était-ce pas un suicide pire que celui de la capitulation de toutes les armées, n'était-ce pas perdre son âme et tous les droits de vivre?

Le Fond du Débat.

Pour comprendre ces questions dans toute leur impressionnante ampleur qu'on se représente bien que la civilisation d'un peuple ou d'une race n'est pas autre chose que la vie extérieure de l'âme nationale, l'ensemble de ses manières de penser, de sentir, de vouloir, d'aimer, de convoiter et d'agir, et cela, dans tous les domaines où peut se mouvoir l'activité humaine.

Cette âme que le philosophe allemand Schopenhauer a appelé "le génie de l'espèce", est une portion de l'humanité qui, à travers les siècles et des vicissitudes sans nombre, a formé son unité, a grandi, s'est perfectionnée, tendant, malgré des revers et les arrêts inévitables, vers des régions supérieures non encore explorées ; elle est maintenant comme la cristalisation de l'œuvre morale, artistique et religieuse de toutes les générations qui nous ont précédés ; elle contient tous les efforts, tous les progrès, tout l'honneur du passé; en elle, survivent tous nos aïeux; par elle nous aurons cette immortalité dont se contentait Horace : "non omnis moriar".

Laisser violer cette âme, c'est humilier ou même anéantir tout le passé de la race ou de la nation, ce qui est considéré comme le suprême déshonneur même pour la raison païenne: "Summun crede nefas animan præferre pudori. Et propter vitam vivendi perdere causas" ; c'est aussi enrayer, sinon suspendre complètement son mouvement progressif vers sa destinée ; c'est donc commettre le plus grand crime national.

Sauver l'âme d'une nation, ou sa civilisation, est un devoir qui coïncide avec celui de la sauvegarde de l'individu. Car, si Dieu a soumis l'homme à la vie sociale, ce n'est que pour lui permettre de développer le plein de son être et de réaliser le plein de sa destinée. Les deux devoirs s'entrecroisent et se fortifient mutuellement. Si donc, la morale évangélique commande de sacrifier sa vie pour sauver son âme, la nation qui n'est qu'une famille agrandie ne doit-elle pas, elle aussi, subir tous les sacrifices pour sauver son âme et ce que l'âme a de plus précieux, son intégrité morale, son honneur ? Tous les cris sublimes jetés par les nations en danger de mort ne sont que l'expression de ce devoir : "Moriamur ergo in simplicitate nostra"—"Tout est perdu, fors l'honneur".—"Mieux vaut la mort que le déshonneur".—

Evidemment les catholiques qui ont comme stricte obligation d'être les meilleurs d'entre leurs concitoyens, devaient prendre part à la défense du corps et de l'âme de la patrie. Ils l'ont fait avec une abnégation et un héroïsme que l'histoire relatera. Mais ils ont fait plus que remplir leurs devoirs de citoyens ; ils sont intervenus dans le conflit civil comme catholiques contre des catholiques se distinguant du *reste* des combattants, ils ont livré leur bataille à eux pour des raisons spéciales et avec un but précis.

Ces raisons et cette fin doivent être connues des neutres, d'autant plus que l'intervention française pourrait paraître à des esprits prévenus par d'autres raisonnements, comme téméraire, dangereuse même et en opposition avec la conduite du Souverain Pontife qui a maintenu la Chaire de Saint Pierre en dehors et au-dessus des conflits sanglants pour que, précisément, les catholiques de tous les pays pussent, sans distinction, entendre ses conseils et suivre ses directions. Les catholiques n'auraient-ils pas dû imiter leur Chef suprême et rester bien unis, malgré leurs querelles temporelles, dans l'édifice spirituel dont Jésus-Christ est la pierre angulaire et dont l'intégrité et la stabilité leur sont divinement garanties contre les portes de l'enfer ?

Voici donc pourquoi les catholiques ont fait pénétrer leurs préoccupations religieuses dans un conflit de races et de civilisation.

———

L'Eglise, quoique n'étant pas du monde, doit vivre dans ce monde et au milieu des conditions de ce monde. Société et puissance surnaturelle, elle vit dans l'humanité et pour l'humanité ; elle s'incarne, pour ainsi dire, dans les divers modes de vivre de l'humanité, non pour être absorbée par elle, mais pour élever ses modes de vivre jusqu'à la hauteur de celui que le Christ est venu acclimater sur terre.

Elle a donc besoin des civilisations terrestres pour prendre par elles contact avec les âmes et y remplir sa divine mission, comme le Verbe de Dieu a eu la condescendance de se faire chair pour opérer la Rédemption de la chair.

Quand son apostolat rencontre des sociétés inférieures, elle les civilise; mais en général, elle est entrée en composition avec toutes les formes de vie assez élevées pour se prêter à une action rédemptrice.

Il est certain, cependant, qu'à travers sa longue vie, l'Eglise a privilégié une des civilisations dominantes. Elle l'a privilégiée au point de prendre son nom et sa langue et de placer son centre dans sa capitale. Pendant de longs siècles, l'action de s'y affilier s'appelait faire "ses humanités" comme si l'on ne s'incorporait dans l'humanité qu'en se soumettant à ses lois. Elle s'appelle la civilisation latine, ou romaine, ou gréco-latine. Elle a eu dans le monde un rayonnement incomparable, dû sans doute à la mâle vigueur, à l'esprit positif des deux peuples qui l'ont fait naître, mais aussi à son propre contenu qui a toutes les formes de l'universel et du beau.

En se formant à travers les siècles antiques, elle a absorbé et assimilé avec un merveilleux discernement, tout ce que les autres civilisations, plus anciennes qu'elle, avaient révélé de grand, de beau et de saint. Nourrie ainsi de toute la sève spirituelle du monde, elle s'est épanouie sous le beau ciel méditerranéen; en Grèce, et par elle, en Asie, en Egypte, dans les îles ; à

Rome et par elle, en Afrique, en Italie, en France, dans la péninsule ibérique, en Angleterre, en Roumanie et. par les colonies de ces peuples, dans le monde entier, si bien qu'il y a une Amérique latine. Il lui a même été permis d'absorber politiquement d'abord et puis littérairement la nation d'où devait naître le Rédempteur, nation gardienne des traditions primitives et de toutes les espérances messianiques, puisqu'elle a substitué sa langue à la sienne dans les Livres Saints, dans l'Évangile, dans l'éternel Sacrifice et les Rites sacrés.

Plus encore, c'est dans cette civilisation que l'Eglise a trouvé le plus pur sang de ses martyrs, la doctrine de ses Pères, la science de ses Docteurs, la splendeur de son Culte, le zèle des grands ordres religieux et des missionnaires, les formules de sa philosophie, la lumière de sa théologie et, enfin, toute la succession des Souverains Pontifes.

Rendons-nous bien compte de l'insigne honneur qui a rejailli sur cette civilisation par suite de ces sublimes fonctions; pesons dans une balance équitable les droits acquis par une prescription au moins trente fois séculaire, et nous comprendrons combien il lui serait dur d'abandonner sa position privilégiée sur les injonctions militairement appuyées d'une "culture" jeune encore et qui en somme n'a pas donné jusqu'à ce jour des preuves de vitalité universelle.

Et pourtant c'est bien cela qui semble être en question, et des esprits très clairvoyants ont déjà dénommé la guerre actuelle un nouveau et général Kultur Kampf.

Qu'on relise et que l'on médite la forte thèse de M. Georges Goyau dans "La guerre allemande et le catholicisme", où il établit une rigoureuse équation entre luthéranisme et germanisme.

Qu'on relise et que l'on médite les axiômes que l'impérialisme allemand a fait circuler dans le monde entier et l'on constatera que, pour lui, il y a une équation rigoureuse entre le germanisme et la domination universelle.

Cette menace rendue évidente et immédiate par la conflagration actuelle, ne devait-elle pas émouvoir les catholiques français ? Ceux-ci ne devaient-ils pas prévoir et redouter les conséquences du triomphe allemand ? Que deviendrait la civilisation gréco-latine avec une France, une Angleterre, une Belgique, une Italie subjuguées ? Et puisque la culture germanique était celle de l'avenir, puisqu'elle affichait hautement ses prétentions à l'absorption universelle, n'aurait-elle pas exigé au sein de l'Eglise la place de la civilisation latine si fortement humiliée et déchue ? Et si l'Eglise, maîtresse de sa vie, de ses modes de vivre et de ses destinées, avait répondu par un "Non possumus" au vainqueur de l'Europe, et peut-être du monde, n'y aurait-il pas eu à craindre le retour des exigences des Henri IV, des Frédéric-Barberousse et des Frédéric II ? Et dans ce cas redoutable les catholiques allemands auraient-ils trouvé la force voulue pour résister à pareilles prétentions de leur Souverain et défendre efficacement le Saint Siège ?

Mais à cette raison dominante doivent s'ajouter d'autres motifs qui ont assez d'importance pour être relatés:

(1) Les catholiques français se voyaient dans l'obligation de se solidariser avec leurs frères d'armes, les catholiques belges qui indignement calomniés et subissant "une campagne acharnée" de la part de la presse allemande ne pouvaient se défendre, étant sous l'oppression de l'envahisseur.

Cette obligtion devenait impérieuse, alors surtout que la proposition d'arbitrage du Cardinal Mercier resta sans réponse, alors que les "Catholiques allemands se refusèrent à décliner expressément toute responsabilité dans les sacrilèges et les assassinats de prêtres", alors que "les feuilles catholiques d'édification se sont particulièrement distinguées" en répandant d'incroyables histoires sur le compte des francs-tireurs belges invariablement "poussés à leurs atrocités par des ecclésiastiques et des religieux", alors que, à cause de ces calomnies, des évêques belges furent maltraités et des prêtres martyrisés, alors qu'aucune voix autorisée ne s'est élevée en Allemagne pour stigmatiser la violation dela neutralité belge et luxembourgeoise, des lois de la guerre, du droit international, du droit naturel base de toute civilisation—si bien que l'ex-Président de la Grande République américaine, Théodore Roosevelt, a pu dire: "Toutes les offenses ont été commises par l'Allemagne et le traitement qu'elle a infligé à la Belgique est le plus grave des méfaits internationaux".

(2) Les catholiques français devaient, pour l'honneur même de l'Eglise, rompre ouvertement avec les catholiques allemands signataires du manifeste des 93 Intellectuels qui, en face "de faits bien définis, constatés par des millions d'hommes, établis par une commission d'enquête formée de juristes et dénoncés au monde civilisé tout entier, d'une façon irrécusable, par des preuves écrasantes", persistèrent à ne considérer ces événements qu'au point de vue de leurs écrivains militaires sans les faire passer par le crible de la doctrine et de la morale catholiques, sans même les soumettre aux exigences de la plus élémentaire critique historique, se contentant d'y répondre par cette série de monstrueux: "Il n'est pas vrai" dont l'arrogante naïveté restera légendaire durant de longs siècles.

Il semble bien que le clergé autrichien a refusé de suivre aveuglément les signataires du Manifeste et je voudrais voir confirmée officiellement la nouvelle qu'il a envoyé en Belgique une commission pour étudier cette phase de l'invasion allemande que déjà on nomme "une guerre de religion".

(3) Les Catholiques français devaient à tout prix défendre l'honneur et le prestige de leur patrie systématiquement rabaissée dans le monde entier tant au point de vue religieux qu'au point de vue social et moral.

Parce que la France a passé par une crise morale et par une persécution regligieuse, toutes les deux suscitées par la Franc-maçonnerie internationale et entretenus avec soin par les héritiers de la politique bismarkienne, crise et persécution semblables à celles que toutes les nations ont éprouvées dans le cours des siècles; parce qu'elle a encore aujourd'hui un gouvernement libre-penseur qui maintient la séparation de l'Eglise et de l'Etat, on a voulu faire croire qu'elle était sous le coup d'anathèmes comportant des châtiments que la guerre actuelle est venue providentiellement lui infliger.

Cette opinion a été si bien entretenue que, jusqu'à ces jours, en Espagne, en Canada, en Irlande, pays foncièrement sympathiques à la France, trop de catholiques étaient persuadés que la vertueuse Allemagne représentait dans le monde, l'autorité, l'esprit religieux, en un mot: l'idéal de la nation sinon catholique, du moins favorable à la future expansion du Catholicisme et qu'en cette qualité elle avait reçu de Dieu la mission spéciale de châtier la France.

Il devenait donc urgent d'obtenir un peu de justice en faisant connaître la véritable France, car, selon la très judicieuse remarque de son Eminence le Cardinal Amette, les nations comme les individus doivent selon le précepte de l'Esprit-Saint avoir soin de leur bon renom, " Curam habe de bono nomine ". Et voilà pourquoi M. le Chanoine B. Gaudeau, a prié les neutres de vouloir bien examiner de quel côté de la tranchée on observait le mieux les lois chrétiennes de la guerre; voilà pourquoi M. Georges Goyau leur a fait connaître l'équation entre protestantisme et germanisme.

C'est, guidés par le même souci de sauve garder l'héritage moral de leur patrie, qu'un évêque missionnaire a écrit les fortes pages si pleines de "gentillesse française" sur le rôle catholique de la France dans le monde, que M. François Veuillot a décrit les horreurs de "la guerre aux églises et aux prêtres" faite par les Allemands, que MM. les Chanoines Couget et Ardant, ainsi que Mgr Baudrillart, l'éminent recteur de l'Institut catholique de Paris, ont révélé au monde "la profondeur du mouvement religieux dans l'armée française".

(4) J'ai en réserve une quatrième raison, mais ma plume hésite à la faire valoir—non que cette raison soit moins fondée que les autres, mais précisément parcequ'elle l'est plus que les autres et qu'il y a dans l'esprit français une pudeur qui lui défend d'avoir trop raison. Je voulais montrer comment la défense française a été fortement encouragée par les lettres du Souverain Pontife. Je prie donc les neutres de relire ces Lettres et spécialement les discours de S. S. Benoit VX au Consistoire du 22 janvier 1915 et de dire bien haut, dans QUELLE ARMEE "la violence de l'attaque a dépassé toute mesure", PAR QUI les régions envahies ont été "dévastées plus qu'il n'est strictement exigé par les nécessités de l'occupation militaire", PAR QUI "les habitants ont été gratuitement b.esssés en ce qu'ils ont de plus cher, comme les temples sacrés, les ministres de Dieu, les droits de la religion et de la foi", VERS QUI "se tourne le plus souvent la pensée du Père commun des peuples", et OU il a trouvé "plus vif l'attachement respectueux" à son égard.

Voilà, ce me semble, le vrai et substantiel fond du débat. Il est pris du point de vue français qui est celui de la défense et de la partie offensée, car je regarde comme péremptoirement démontré par les documents officiels, le fait que l'Allemagne a été, dans cette guerre, l'injuste agresseur. Dans un combat singulier l'offensé a le choix des armes, dans un combat juridique il a la priorité de parole avec toutes les présomptions en sa faveur. D'ailleurs l'Allemagne a fait chez tous les neutres une telle propagande qu'elle ne risque pas que son point de vue soit ignoré ou méconnu.

Historique de la Controverse.

De l'histoire de cette controverse nous ne donnerons que les grandes lignes, celles qui peuvent être utiles pour le moment.

C'était dans les premiers jours d'octobre 1914. Le monde civilisé venait de passer par une crise de sensibilité sans exemple dans les Annales de l'humanité : on sortait à peine de la terreur germanique. La Belgique et le Nord de la France apparaissaient comme un immense Colysée où les maryrs de Dieu et de la Patrie livrés aux bêtes gisaient par milliers au milieu des ruines des cités et des cathédrales. Dans ces contrées les plus catholiques et les plus prospères du monde, évêques et prêtres, religieux et religieuses, civils et soldats, femmes et enfants, tout le peuple pêle-mêle comme un troupeau voué au sacrifice, venait d'être maltraité, torturé, immolé si bien qu'il n'y avait plus de place où mettre une autre plaie et que le dégoût montait à la gorge même des bourreaux.

Des cris de folle douleur partirent alors de toutes les poitrines mues par des cœurs humains et la sympathie de tous les peuples couvrit d'un manteau de pitié et de charité les lamentables victimes. Or, c'est au milieu de cette apaisante compassion, pendant que tous les bons Samaritains du monde entier étaient penchés sur les morts et les blessés, que s'élève de l'autre côté du Rhin, des chaires universitaires et des temples, un cri d'orgueil, une protestation monstrueuse contre ce pieux enveloppement et cette rencontre des cœurs.

Quatre-vingt treize représentants de la science et de l'art allemand adressèrent un appel au monde civilisé pour justifier ces crimes et cette rage d'enfer. Sans faire aucune enquête, sans citer aucun document, sans tenir compte de la clarté aveuglante des faits attestés par des neutres, sans avoir une seule seconde l'idée que la vérité pouvait être du côté des victimes, ils lancèrent avec une impudeur sans pareille ce dogmatique appel :

"Le mensonge est l'arme empoisonnée que nous ne pouvons pas arracher des mains de nos ennemis. Nous ne pouvons que déclarer à haute voix devant le monde entier qu'ils rendent faux témoignage contre nous. A vous qui nous connaissez...nous crions: Croyez-nous! Croyez que dans cette lutte nous irons jusqu'au bout, en peuple civilisé, en peuple auquel l'héritage d'un Gœthe, d'un Beethoven et d'un Kent est aussi sacré que son sol et son foyer, nous vous en répondons sur notre nom et sur notre honneur!"

Belle caution que cette hautaine affirmation d'hommes dont notre Fustel de Coulanges a pu dire: "Les yeux des historiens allemands sont faits de telle façon qu'ils n'aperçoivent que ce qui est favorable à l'intérêt de leur pays."

Suit le détail de leurs dénégations qui fit plus de mal aux opprimés que les ruines elles-mêmes. "Il n'est pas vrai que l'Allemagne ait violé criminellement la neutralité de la Belgique...."

"Il n'est pas vrai que ses soldats aient porté atteinte à la vie et aux biens d'un seul citoyen belge, sans y avoir été forcé par la rude nécessité d'une défense légitime.

"Il n'est pas vrai que ses troupes aient brutalement détruit Louvain.

"Il n'est pas vrai qu'elle fasse la guerre au mépris du droit des gens. Ses soldats ne commettent ni actes d'indiscipline ni cruautés.

"Il n'est pas vrai que la lutte contre ce qu'on appelle le militarisme allemand ne soit pas dirigée contre la Kulture allemande, comme le prétendent nos hypocrites ennemis."

L'histoire se prononcera entre ces dénégations et les faits. Mais, comme parmi les signataires du manifeste se trouvaient "quelques théologiens et professeurs attachés par leurs croyances à la religion catholique" l'Université Catholique de Paris s'en émut et crut "accomplir un devoir de ses fonctions" en unissant sa protestation à celle des hommes de Lettres de France et de plusieurs pays étrangers contre "les assertions de principes et de faits cautionnés par la signature des professeurs allemands."

Elle publia donc, au commencement de novembre 1914, une réponse au Manifeste. Tout en ramenant la controverse dans l'ordre des faits, elle commença par indiquer la cause profonde, responsable de ces faits: l'ambition sans limite et sans vergogne de la Culture allemande.

Je ne crois pas que cette lettre publiée avec l'approbation de S. E. le Cardinal Archevêque de Paris ait reçu une réponse directe de la part des professeurs catholiques allemands. Le troisième dimanche de l'Avent parut une lettre collective de l'épiscopat allemand qui déclarait que l'Empereur et l'Allemagne n'étaient pas responsables de la guerre; mais il n'est pas démontré que ce soit là une réponse à la déclaration française. Comme par ailleurs la propagande allemande continuait à répandre "des déclarations intéressées et peu véridiques" il se forma sous la direction de Mgr Alfred Baudrillart un Comité de Défense des intérêts français et catholiques dans lequel on n'accepta que "des Catholiques avérés, afin qu'ils fussent en droit de dire: nous savons ce qu'est la doctrine catholique et ce qu'elle exige".

Ce comité publia un volume "La Guerre Allemande et le Catholicisme" qui eut un retentissement extraordinaire. Il ne parut qu'en avril 1915, donc après de longs mois de recherches et au moment où la France avait jusque dans le moindre de ses hameaux trouvé une sérénité dont l'héroïsme fit rêver toutes les âmes américaines.

Traduit en cinq langues, dont l'allemande, il put pénétrer en Allemagne et dut y produire une forte impression puisque les Cardinaux Hartman, archevêque de Cologne et Bettinger, archevêque de Munich, s'en émurent et après en avoir exprimé tout leur déplaisir à l'Empereur, adressèrent au Pape une protestation avec une demande de condamnation du livre incriminé.

Est-il vrai que Benoit XV a opposé une fin de non-recevoir à la pétition des deux Cardinaux, je ne saurais le dire, quoique certains journaux de France et du Canada l'aient affirmé; ce qui est certain c'est que l'ouvrage "La guerre allemande et le Catholicisme" n'est pas condamné.

En plus de la protestation des deux Cardinaux, il y eut un nouveau manifeste signé par 77 éminents catholiques allemands. Il parut dans la "Gazette populaire de Cologne" et reçut l'hospitalité dans le "Tijd", journal d'Amsterdam. D'autres critiques individuelles parurent dans divers journaux. En voici le contenu d'après une réponse faite au "Tijd" par Mgr Baudrillart.

"Mes éminents contradicteurs se bornent à nier, ils ne réfutent rien, déclarent sans valeur les articles de M. le Chanoine Gaudeau, un de nos meilleurs théologiens, maintes fois loué par Pie X, de M. George Goyau, l'homme de France qui connaît le mieux l'état religieux de l'Allemagne, et de M. François Veillot qui ne s'est servi que d'enquêtes officielles et du témoignage des évêques des diocèses ravagés. Ils craignent de voir surgir une division dans la hiérarchie ecclésiastique, quand pourtant les évêques allemands ont pris position les premiers par leur lettre collective et que les évêques français n'ont parlé qu'individuellement comme témoins des faits et non comme représentants de la hiérarchie. Ils vont jusqu'à redouter pour nous une rupture avec le Saint-Siège, quand, à l'époque du Modernisme, ils nous reprochaient notre humble soumission. Enfin, la victoire possible de la France les inquiète parceque ce serait le triomphe de la franc-maçonnerie, quand il faut bien considérer aussi que le triomphe de l'Allemagne pourrait être la victoire du Protestantisme".

La controverse en est là pour le moment, octobre 1915. Mais déjà les catholiques des pays neutres ne sont plus simplement aux écoutes de l'attaque et de la riposte, ils sont entrés dans la lice et parmi eux plusieurs se sont montrés de remarquables maîtres d'armes.

Je ne puis attirer l'attention que sur un seul d'entre eux, M. Emile Prum, chef du parti catholique luxembourgeois. Placé en plein milieu de la tourmente, au-dessus de tout soupçon de partialité, ayant tout à craindre pour sa sécurité personnelle, s'il prenait parti contre les oppresseurs de son pays, il envoya à M. Erzberger, chef du centre catholique allemand, une lettre ainsi motivée : "La cause catholique a chez nous comme dans tous les pays des ennemis nombreux et acharnés. Il faut donc absolument éviter que des aberrations morales comme celles que vous manifestez publiquement depuis des mois, et qui n'ont été l'objet d'aucune contradiction de la part de vos coreligionnaires politiques, puissent être reprochées aux catholiques des autres pays."

Sous une forme sobre, rationnelle et d'une dignité remarquable, il adjure les catholiques allemands, en la personne de leur leader politique, de ne point continuer à se solidariser avec les auteurs des forfaits de la guerre jusqu'à ce que l'on eut donné satisfaction à la proposition de S. E. le cardinal Mercier devant avoir pour effet de nommer une commission d'enquête pour établir les responsabilités.

Voici d'ailleurs ses adjurations finales : "Ne vous semble-t-il pas, M. le député, que l'honneur de l'Allemagne exige que la lumière soit faite sur cette affaire, au risque de faire blâmer par les autorités compétentes les excès commis et au risque de décliner toutes responsabilités dans leur participation ? Le devoir ne s'impose-t-il pas aux catholiques allemands de prendre en main cette affaire pour l'honneur de l'Eglise et du clergé aussi bien que pour l'honneur de leur patrie ?"

Cette lettre est datée de Clervaux, 11 mars 1915. Nous ne saurons qu'après la guerre tout l'effet qu'elle a produit en Allemagne. Quant à M. Erzberger, il donna à M. Prum une réplique qui peut se résumer en ses propres paroles :

"L'invitation qu'en termes blessants fait M. Prum aux catholiques allemands de s'entremettre en faveur de l'honneur de l'Eglise et du clergé, est une offense. J'ai fait, moi, Erzberger, ce qu'un catholique doit faire. Le tribunal décidera entre nous deux ?"

Hélas ! Quel tribunal ! en temps de guerre et en pays envahi ! Attendons la fin, car "adhuc sub judice lis est".

Encore une fois, ce n'est point là une véritable histoire de la controvese. Cette histoire ne peut s'écrire maintenant, car de grands éléments nous échappent par le fait même des infranchissables barrières que la vérité rencontre aux frontières. Ce n'est qu'un jalonnement rapide, suffisant pour donner un tracé général aux neutres qui ont à cœur d'exercer en faveur de la vérité une pression salutaire sur l'un ou l'autre parti, suivant les dictées de leurs jugements.

L'âme allemande.

C'est pour éclairer cette pression indépendante des Neutres que je voudrais dans cette dernière partie étudier quelques conditions de vie morale dans lesquelles se sont trouvés pendant ces terribles luttes l'un et l'autre des deux antagonistes. Ils devront juger et départager les plaignants. Pour les faits extérieurs, les violations de traités et de frontières, les atrocités, les crimes anti-religieux etc., ce sera chose relativement facile: les témoins, les documents, les procès-verbaux juridiques seront là; les pierres elles-mêmes crieront: "lapides clamabunt". Mais, comment jugeront-ils les causes morales de ces faits extérieurs, les motifs d'action, les tendances, les doctrines, le développement d'ambitions illégitimes, la part prise, soit par lâcheté, soit par complaisance, soit par co-opération, à une révolution sociale qui peut faire courir les plus grands risques à l'Eglise?

Ce n'est pas en pénétrant dans les consciences, domaines réservés au jugement de Dieu, et que nous voulons considérer au-dessus de tout soupçon—nous mettons en fait que tous les controversistes au fond de leur conscience ne désirent que le triomphe du Vrai et du Bien—c'est donc en étudiant les conditions morales dans lesquelles se sont exercées ces libertés individuelles et nationales. Dans ce vaste champ des travaux préliminaires de l'exercise de la liberté peuvent se glisser quantité d'erreurs, de préjugés, de passions, de duperies du cœur, de l'imagination et des sens, qui, selon l'expression de François Bacon, sont les "idoles" de notre âme et pervertissent le jugement.

Nous posons donc hardiment la question. Lequel des deux partis a le plus sacrifié aux "idoles", soit avant, soit pendant la guerre? Lequel s'est montré dans les conditions de liberté telles que, tout en défendant sa patrie, il lui a été possible d'avoir assez de cœur et d'esprit indépendants pour placer les intérêts de l'église au-dessus de ceux de sa Patrie? Là où sera le meilleur équilibre des conditions morales, là aussi il y aura plus de chance de trouver la vérité.

Parmi les chaines les plus redoutables que puissent craindre le jugement et la liberté d'une personne ou d'un parti social, il y a celles des engagements politiques ou gouvernementaux, qui ne sont souvent qu'une longue et douleureuse suite d'abdication de ses vues propres, de ses principes et de ses convictions, qui sans donner de garanties divines vous traitent "tanquam cadaver". Et cela se comprend, puisque pour participer efficacement à l'administration d'un pays, il faut à toute force suivre un mouvement d'ensemble discipliné, mû par un seul principe directeur et dirigé vers un seul et même but. Dès que vous faites œuvre personnelle, vous n'êtes plus dans le mouvement, et il arrive forcément, de deux choses l'une: ou que vous en êtes violemment rejeté, ou que vous y demeurez comme un déchet pour contrarier tout l'ensemble.

C'est ce qui explique pourquoi les catholiques peuvent si difficilement coopérer avec un gouvernement qui n'a pas leurs principes ni leurs aspirations; pourquoi aussi ils sont rejetés dans l'opposition ou l'abstention dès qu'ils veulent rester intégralement eux-mêmes.

Or, quelle a été dans la période préparatoire de la guerre la position politique des catholiques allemands? Quelle a été celle des catholiques français? Il est impossible de dire un mot définitif dans la présente controverse sans connaître au moins sommairement cette double position.

En Allemagne, après la formation de l'Empire actuel, les forces catholiques furent représentées au Reichstag par le Centre, dit Centre catholique. Elles eurent à soutenir jusqu'à la fin de l'année 1878 une persécution semblable à celle que la Franc-maçonnerie a déchaînée peu après en France. Pendant cette lutte connue dans l'histoire sous le nom de Kultur Kampf, le Centre rendit d'inoubliables services à l'Eglise. Guidé par le grand Windhorst, représenté à la tribune par les frères Reichensperger, les Savigny, les Mallinckrost, il tint magnifiquement tête à Bismarck et le força après huit années de lutte à faire machine en arrière et à s'entendre avec Rome.

Malheureusement cette victoire ferma la période héroïque. De nouveaux hommes parurent qui, trouvant un régime de demi-paix, feignant aussi de croire que la religion était en suffisante sécurité, laissèrent tomber l'opposition, acceptèrent la participation au pouvoir et devinrent un parti gouvernemental et nationaliste.

Cependant la politique bismarkienne survivait dans ses héritiers politiques; elle se donna seulement la peine d'améliorer notablement sa tactique. Au lieu de chercher à écraser le Centre par des attaques directes, en masses serrées et profondes, elle dissimula son action en de très habiles mouvements tournants et le fit son prisonnier, lui et les belles œuvres : le Volkverein et le Frauenbund, qu'il avait créés.

Vers 1900, avec M. Lieber, commencèrent les abdications, les compromissions définitives. Les exigences religieuses tombèrent si bien qu'après une période d'Interconfessionnalisme le Centre devint un parti absolument aconfessionel à base vaguement chrétienne et commune aux protestants et aux catholiques.

Mais alors que conclure, sinon que, politiquement, les catholiques allemands n'ont pas vu la préparation de la guerre et la guerre elle-même avec la mentalité et la foi catholique; ils ont tout jugé et jugent encore en politiciens nationalistes tout comme les protestants, en pangermanistes tout comme les militaristes, soumettant tout à une seule idée, l'idée impériale.

Ne prenons qu'un exemple. Y a-t-il une distance bien sensible entre les vues de M. Erzberger et Spahn et celles des disciples de Nietzshe sur la conduite des hostilités? M. Erzberger a publiquement approuvé la violation de la neutralité belge et luxembourgeoise, l'annexion de la Belgique et du tiers de la France; il a essayé de justifier les procédés barbares, la violation des lois de la guerre, et il a prêché l'anéantissement de Londres.

Enfin, quel est l'usage que le Centre a fait de son influence parlementaire? Où sont les traces de sa lutte contre les doctrines militaristes? Qui donc s'est dressé contre le discours de Bethmann Hollweg, substituant la raison d'Etat à la Morale, contre l'Alliance avec la Turquie et la prédication de la guerre sainte? Qui s'est mis en travers d'ambitions extravagantes, destructrices de toutes ces grandes réalités qu'on appelle le droit, la justice, les patries; ambitions colossales telles que celles qui pendant un demi-siècle ont tendu toutes les forces d'un vaste Empire vers l'hégémonie universelle sur terre et sur mer, dans l'industrie comme dans le commerce?

Et si le Centre est incapable de faire une réponse catholique à ces questions, les Neutres ne seront-ils pas en droit de conclure que, politiquement, les forces catholiques ont été au service du germanisme impérial et que, par conséquent, elles doivent partager ses responsabilités!

Ah! ç'a été une grande habileté de l'Empereur d'avoir su museler un parti qui a fait reculer Bismark, et de l'avoir fait servir à des destinées tout opposées à celles pour lesquelles il a été créé!

L'âme française.

Tournons-nous maintenant vers la France et voyons si de semblables liens tiennent les catholiques sous le joug de théories et de passions politiques capables de les aveugler et d'engager leur liberté dans des voies dont ils n'auraient pas le contrôle.

Il est, hélas, de notoriété universelle—et les catholiques allemands le leur ont souvent reproché—que les catholiques français ont été complètement exclus de la participation au pouvoir; que le gouvernement français a gouverné contre eux et que les représentants catholiques n'ont jamais quitté les banc de l'opposition. Et n'est-il pas remarquable que le commencement de cette inimitié, qui a duré jusqu'aux premiers jours de la guerre, et qui s'est compliqué d'une véritable persécution religieuse, coïncide exactement avec la fin du Kultur Kampf. Il serait très intéressant de révéler la force occulte qui a été maîtresse de cette relation. Toujours est-il que les catholiques français continuèrent les temps héroïques de Windhorst, pendant que peu à peu les catholiques allemands se laissèrent "domestiquer" par le pouvoir civil.

D'où est venue la faiblesse politique des catholiques français? Est-ce du manque d'organisation? Il est certain que les cadres de fer ne conviennent pas à l'esprit français et il a pu pécher par excès de libéralisme. Est-ce l'absence d'une tactique habile et persévérante? Peut-être; mais elle est venue surtout de la poursuite d'un idéal trop élevé pour permettre la réalisation immédiate d'un succès tangible. Les catholiques français n'ont voulu rien sacrifier des droits et des préoccupations de l'Eglise.

Mais, hâtons-nous de le dire, la question n'est pas là.

Non, heureusement, la question n'est pas là. Il ne s'agit pas de savoir qui a détenu le pouvoir, mais qui est resté assez libre d'esprit et de cœur pour avoir le droit de porter des jugements indépendants sur des questions politiques dans lesquelles la vie de l'Eglise est impliquée. Si les catholiques allemands avaient continué les luttes de Windhorst et si les français étaient devenus un parti gouvernemental, sans doute en ce moment les rôles seraient renversés. Peut-être y a-t-il eu un moment où l'on a essayé de leur imposer des chaînes d'or; c'est quand M. Spuller parla de l' "Esprit Nouveau". Mais cette tentative n'a pas réussi et les catholiques français sont restés dans leur indépendance souffrante.

Vous ne pouvez leur reprocher, ni abdication devant le bien, ni compromission avec le mal. Jamais ils ne sont engagés dans un parti confessionnel ni même interconfessionnel.

Ils ont créé dans la France entière des écoles libres pour échapper à l'école neutre. Ils ont créé des Universités et des collèges catholiques pour échapper au rationalisme kantien que l'Allemagne déversait à grands flots sur eux. Ils ont conservé leurs grands séminaires, leurs petits séminairesd, istincts des établissements de l'Etat, pour être libres de former leurs prêtres dans une atnosphère purement catholique.

Ils sont restés patriotes malgré tout, mais patriotes indépendants et non assouplis par le pouvoir civil et prêts à toutes les besognes nationalistes.

D'ailleurs il n'y a aucune trace que le gouvernement ait voulu les entraîner... comment dirais-je? dans un panfrancisme? voyez, le mot n'existe même pas.

Est-ce la France républicaine qui a bouleversé le monde par des attentats d'un accaparement universel? Que l'on cite une seule provocation française contre la paix européenne! Elle a défendu son bien; mais c'était son devoir A-t-elle fait un pas menaçant pour reprendre son Alsace-Lorraine? C'était pourtant son droit. N'a-t-elle pas fait des concessions douloureuses à Fachoda, à Terre-Neuve, au Congo et au Maroc? N'a-t-elle pas été la risée des militaristes de tous les pays pour son ultra-pacifisme? La forme républicaine de son gouvernement n'a-t-elle pas été favorisée par Bismark lui-même qui y voyait le meilleur calmant à oppposer aux idées de revanche.?

Mais où sont donc les préjugés, les plans préconçus, où sont les ardentes passions nationalistes qui auraient pu altérer la liberté et le jugement du peuple français au point de l'aveugler et lui faire mériter les hautaines litanies des "Il n'est pas vrai" et les imprécations des intellectuels allemands !

Faut-il chercher d'autres chaînes dans un instinct de race, dans un besoin immodéré de tout réduire à sa taille, ou dans un prosélytisme indiscret? Il faut avouer que c'est un des penchants les plus forts de la race française de tendre à la conquête des esprits et des âmes. La France a conscience qu'elle est une semeuse d'idées et bien souvent elle a jeté le bon, comme le mauvais grain, pardessus ses frontières, jusqu'aux pays les plus éloignés.

Mais, demandons-nous si, durant la longue période de germination de la présente guerre, elle a développé un système quelconque d'envahissement des autres nations en dehors de cette diffusion de sa vie spirituelle et de cette évangélisation des peuples païens si simplement et si lumineusement exposés par Monseigneur A. LeRoy. En un mot, a-t-elle sacrifié sa vie sociale, économique et religieuse à l'avènement universel de la domination française ? Pourrait-on lui appliquer ces terribles paroles par lesquelles M. Miguel, de Unamuno, ancien Recteur de l'Université de Salamanque, a retracé le rôle de l'Allemagne ? "Ce qui est en question, à mon avis, ce n'est rien moins que l'avenir du droit chrétien et du christianisme même, menacé en ses racines par le paganisme de cette Realpolitik, de la Kultur".

Je ne crois pas que le mouvement social français contemporain puisse mériter le reproche d'un envahissement révolutionnaire et impérialiste du monde. Si un réel reproche est à faire à la France, c'est qu'elle s'est laissé envahir et presque subjuguer par des courants étrangers au point de compromettre les marques de sa personnalité. Toutes les formes du socialisme sont allemandes ; toutes les philosophies monistes et subjectivistes qui ont perverti l'esprit du monde et qui ne sont au fond que la théologie du protestantisme, sont allemandes ; le protestantisme lui-même dont c'est "le tour de représenter le christianisme en Palestine", est allemand ; le vieux dieu qui devait faire tous les gestes de l'Empereur, est allemand ; l'anti-cléricalisme qui a servi en France et l'a profondément anémié et divisé, est d'importation prussienne, et la suprématie de la camelote n'a pas d'autre centre que la Prusse, puisque sa capitale est Berlin. A la veille de la guerre, on prônait encore en France, et par dessus tout, les méthodes allemandes, seules scientifiques, on sacrifiait les meilleures qualités de l'esprit français à la prétendue profondeur de l'esprit allemand.

Est-ce là un esprit conquérant capable d'éveiller les inquiétudes du monde?

Oui, il y a eu en France une Realpolitik, c'est celle de la Franc-maçonnerie. Mais loin d'attenter à la liberté des autres peuples elle s'est tournée contre la France elle-même et a failli la conduire à sa perte.

Quel a été le rôle des catholiques français dans cette lutte contre la civilisation latine et la religion? Se sont-ils laissé domestiquer, ont-ils abdiqué leurs principes pour cueillir quelques bénéfices? Qui oserait le prétendre? Se rappelle-t-on des héroïques démissions des juges et de nos chefs d'armée? Et le clergé n'a-t-il pas tout sacrifié à l'époque des Cultuelles et de la loi de séparation pour rester indépendant! Il avait à choisir entre les chaînes d'or de l'Etat et la spoliation la plus complète. Son regard s'est tourné vers Rome. Pie X a choisi la pauvreté, et alors sans forfanterie, sans une défection, il a donné non seulement ses parures, mais son plus modeste nécessaire. Six cents millions dûs à d'anciennes fondations et toutes les rentes garanties par le Concordat furent sacrifiés. Dans ce complet dénuement, il continua pourtant à entretenir toutes ses œuvres sociales et religieuses, non dans un esprit vaguement chrétien mais franchement catholique. Ici encore je prie les Neutres de considérer le tableau des   parts contributives de chaque nation dans l'évangélisation du monde.

S'il est vrai que "souffrir c'est connaître" la France est bien près de la vérité, car elle a beaucoup souffert.

Si "ceux-là seuls, qui savent se priver de tout, ont la somme de liberté compatible avec la condition humaine" le clergé français est libre au plus haut point.

S'il y a des choses "qu'on ne sait qu'avec des yeux qui ont pleuré", il n'y a point de mystères pour les yeux des catholiques français, car ils n'ont cessé de verser des larmes.

En tout cas, il y a là, pour l'esprit et le cœur, de superbes conditions morales pour l'œuvre de la manifestation de la vérité. Ne pensez pas qu'elles soient superflues, surtout dans un temps d'exaltation anormale où la   vérité elle-même et accaparée par les partis et tournée en arme de combat.

Où est la véritable liberté.

Les trouverons-nous chez les catholiques allemands et, pour me servir d'une expression réaliste de St-Augustin, leurs esprit et leur cœur sont-ils assez nus pour lutter avec ceux qui se sont dépouillés de tout pour la Justice et la Vérité?

J'ai trouvé dans les réponses de Mgr Baudrillart cette parole de l'Abbé d'une Trappe française: "Si l'on pouvait donc se rendre compte qu'au fond le catholicisme jouit en France malgré le Combisme de plus de libertés essentielles que dans cette Allemagne qui fait payer si cher au haut et au bas clergé certains privilèges accidentels ! " Eh bien, je puis certifier qu'un vénérable curé dAlsace, bien au courant de l'état religieux de l'Allemagne, a dit la même chose, à peu près dans les mêmes termes, à un de mes confrères qui, excellent observateur lui-même, a vérifié le fait.

En effet, même en regardant l'Allemagne organisée, du point de vue le plus douloureux de la "pauvre France", j'ai une vive sensation de liberté en face d'un prisonnier. Cette immense "organisation" n'est qu'une immense chaîne qui lie toute l'Allemagne à la volonte de l'Empereur.

Vous dites: Mais, c'est très bien, c'est de l'ordre, c'est de l'unité, c'est de la force—Oui, mais l'ordre allemand n'est que la force allemande caporalisant la nation et excluant tout autre ordre, même l'ordre divin. Ne nous faisons point d'illusion, l'Eglise catholique elle aussi, est accusée "d'incapacité d'organisation" et elle devra, elle aussi, disparaître avec toutes les autres formes désuètes du monde. Je prie que l'on prenne un peu en considération cette forte parole de M. Corominas, député espagnol: "Si la Prusse luthérienne arrivait de nouveau à vaincre la France, le catholicisme latin serait absorbé et en son essence anéanti par le rationalisme teuton". Evidemment on ne tient pas compte ici des promesses divines—mais—comme les intentions sont bien marquées!

Dans cette unité, je ne vois pour les catholiques allemands que des chaines. L'unité dans l'enseignement supérieur les a rendus dépendants de l'Université de lEtat dont les professeurs sont en grande majorité protestants. Quelle action sociale peuvent avoir de rares catholiques perdus dans la masse des "Excellences" jouissant de toutes les faveurs du pouvoir et s'appliquant à propager la thèse courante: "L'Allemagne, parce que protestante, doit maîtriser les races latines." L'unité dans l'enseignement secondaire a fait abolir les petits et grands Séminaires en les englobant dans les gymnases et les Universités pour les placer doctrinairement dans l'orbite du germanisme. N'est-ce pas le catholique Baron de Hertling qui s'est entremis pour forcer le grand séminaire de Strasbourg à suivre les cours d'une Université, jadis rempart du Protestantisme en Alsace, et maintenant encore dominée par son esprit ?

L'enseignement primaire avait aussi son unité dans les Lehrervereins animés d'un germanisme de caserne. J'attire l'attention des catholiques sur ce point. Que l'on fasse une enquête quand la liberté revivra!

Tout cet ensemble constituait une grande force: Oui, pour l'Etat! non, pour la religion catholique!

Cela se voit clairement dans les effets. Il n'y a pas une seule Université Catholique dans toute l'Allemagne pour opposer la philosophie catholique au déluge des philosophies protestantes. Celles-ci créent partout une mentalité libre-penseuse et un esprit de révolte contre l'Eglise. Qu'on se rappelle donc l'affaire du serment antimoderniste et celle de l'Encyclique sur St-Charles Borromée! L'Allemand veut bien se soumettre pourvu qu'on ne lui impose que ses idées et sa volonté propres et, encore une fois, ces idées et cette volonté ne sont que celles d'un pouvoir central qui a trouvé les moyens de s'imposer de gré ou de force pour couronner l'œuvre de Luther.

Sans doute l'épiscopat a condamné ces philosophies et les principes de la culture germanique: sans doute une grande partie du peuple a été préservée du virus Kantien et nitzcshéen, mais où est la puissante organisation catholique capable de lutter contre le fameux génie organisateur protestant ? Et si elle n'existe pas, ne devons-nous pas conclure avec M. Prume que "les Catholiques allemands n'ont pas eu la force directrice qu'ils auraient dû avoir pour réagir contre la pensée allemande moderne, anticatholique." Ils ne l'ont pas même eue pour se maintenir eux-mêmes dans l'unité puisqu'ils sont partagés en deux directions, celle de Cologne, "l'infection de Cologne", et celle de Berlin.

Sont-ce là de bonnes conditions de liberté pour juger sainement dans un débat où l'avenir du monde est intéressé ?

Que penser de l'ensemble de ce conflit ? Faut-il s'en alarmer comme d'un grave péril pour l'Eglise et la Société ? Je ne le crois pas. Il est plutôt de nature à prévenir le péril en éclairant une situation qui, laissée dans l'obscurité, aurait pu devenir dangereuse. Jusqu'ici le heurt des idées s'est fait sans révolte: tous les catholiques sont restés rangés sous la houlette de leur pasteur, ce qui a permis à Celui-ci d'étendre ses bénédictions sur tout le troupeau et de l'enfermer dans la même charité. Le calme du présent fait présager celui de l'avenir.

C'est d'ailleurs une grave erreur historique que de s'imaginer que les conflits armés puissent naître, se développer et s'éteindre sans être dominés par des luttes philosophiques et religieuses. Les droits de l'âme se retrouvent partout et telle est la prépondérance de l'esprit sur la matière que les conflits de cette dernière sont provoqués, causés et dirigés par la pensée.

On peut mettre en fait que le tumulte des armées quelque étendu et étourdissant qu'il soit est un jeu d'enfant en comparaison des batailles que les esprits et les cœurs se livrent aussi bien dans les consciences individuelles que dans les relations sociales.

Comment aurait-on pu concevoir sans une lutte ardente d'idées et de sentiments le développement de la révolution actuelle, car, n'ayons point d'illusion, nous sommes en pleine révolution sociale, révolution qui dépassera en importance celle de la fin du 18ième siècle.

Les nouveaux âges porteront la marque des idées victorieuses qui auront déplacé l'axe du monde moral; il faut donc que les Catholiques veillent au triomphe de celles qui favorisent la religion.

X. S.